SHANGHAI CITY OF CHINA

中国上海直辖市公民身份号码集 1,000 例
PART 1

Learn Mandarin Chinese Characters and Words with Easy Virtual Chinese IDs and Addresses from Mainland China, A Collection of Shen Fen Zheng Identifiers of Men & Women Explained with Pinyin, English, Simplified Chinese Characters, HSK All Levels

YUXIN KONG

孔羽昕

ACKNOWLEDGEMENT

Chinese identifiers (IDs), also known as **Shen Fen Zheng** (身份证), are a very important part of Chinese life. Chinese people carry these ID cards with them virtually all the time. The cards are required for almost all important daily life activities in China, such as buying homes, renting apartments, buying train or rail tickets, buying mobile phone SIM cards, etc. Can Chinese people open a bank account without **Shen Fen Zheng**? No way! Even for using WeChat or Alipay payment options, Chinese people need to link their ID numbers.

Shen Fen Zheng is so important in China!

It feels great to produce the books to help the students of Mandarin Chinese understand and appreciate the Chinese language and culture while appreciating the Chinese IDs.

I thank everyone who helped me write these books.

非常感谢

孔羽昕

INTRODUCTION

Let's learn Mandarin Chinese while appreciating the **Shen Fen Zheng** identifiers (身份证号码) from different cities and counties of China's **Shanghai municipality** (上海直辖市). This book contains 100 imaginary (virtual) Chinese Shen Fen Zheng of men and women of different Chinese ethnic groups to help the students of Mandarin Chinese language understand the concept of Chinese IDs along with associated non-real addresses, postal codes, and phone numbers. The book series contain 10 books and total **1,000 Chinese IDs**. Pinyin and **English** have been provided for all the addresses. The titles are suitable for the students of HSK all levels.

©2023 Yuxin Kong.

All rights reserved.

CONTENTS

ACKNOWLEDGEMENT 2
INTRODUCTION 3
CONTENTS 4
CHAPTER 1: SHEN FEN ZHENG (1-20) 5
CHAPTER 2: SHEN FEN ZHENG (21-40) 14
CHAPTER 3: SHEN FEN ZHENG (41-60) 22
CHAPTER 4: SHEN FEN ZHENG (61-80) 31
CHAPTER 5: SHEN FEN ZHENG (81-100) 40

CHAPTER 1: SHEN FEN ZHENG (1-20)

1。姓名: 刁锡郁 性别 女 民族 苗

公民身份号码: 310113158025084885

住址（机场）：中国上海市宝山区甫鸣路962号上海坤铭国际机场（邮政编码：582200）。联系电话：35653666。电子邮箱：nlsqp@atjheosn.airports.cn

Zhù zhǐ: Diāo Xī Yù Zhōng Guó Shànghǎi Shì Bǎoshān Qū Fǔ Míng Lù 962 Hào àngǎi Kūn Míng Guó Jì Jī Chǎng (Yóuzhèng Biānmǎ：582200). Liánxì Diànhuà：35653666. Diànzǐ Yóuxiāng：nlsqp@atjheosn.airports.cn

Xi Yu Diao, Shanghai Kun Ming International Airport, 962 Fu Ming Road, Baoshan District, Shanghai, China. Postal Code: 582200. Phone Number：35653666. E-mail：nlsqp@atjheosn.airports.cn

2。姓名: 瞿王亭 性别 男 民族 裕固

公民身份号码: 310113159501073777

住址（机场）：中国上海市宝山区刚全路996号上海刚锡国际机场（邮政编码：965333）。联系电话：88782811。电子邮箱：qkdbi@mieuwanf.airports.cn

Zhù zhǐ: Qú Wàng Tíng Zhōng Guó Shànghǎi Shì Bǎoshān Qū Gāng Quán Lù 996 Hào àngǎi Gāng Xī Guó Jì Jī Chǎng (Yóuzhèng Biānmǎ：965333). Liánxì Diànhuà：88782811. Diànzǐ Yóuxiāng：qkdbi@mieuwanf.airports.cn

Wang Ting Qu, Shanghai Gang Xi International Airport, 996 Gang Quan Road, Baoshan District, Shanghai, China. Postal Code: 965333. Phone Number：88782811. E-mail：qkdbi@mieuwanf.airports.cn

3。姓名: 房克钊 性别 男 民族 景颇

公民身份号码: 310114102310013115

住址（机场）：中国上海市嘉定区舟友路 992 号上海山福国际机场（邮政编码：995424）。联系电话：89953387。电子邮箱：qizfy@ozcaduqh.airports.cn

Zhù zhǐ: Fáng Kè Zhāo Zhōng Guó Shànghǎi Shì Jiādìng Qū Zhōu Yǒu Lù 992 Hào àngǎi Shān Fú Guó Jì Jī Chǎng (Yóuzhèng Biānmǎ：995424). Liánxì Diànhuà：89953387. Diànzǐ Yóuxiāng： qizfy@ozcaduqh.airports.cn

Ke Zhao Fang, Shanghai Shan Fu International Airport, 992 Zhou You Road, Jiading District, Shanghai, China. Postal Code: 995424. Phone Number：89953387. E-mail: qizfy@ozcaduqh.airports.cn

4。姓名: 叶星坤 性别 男 民族 撒拉

公民身份号码: 310114184419018773

住址（机场）：中国上海市嘉定区陶熔路 607 号上海宽铁国际机场（邮政编码：200942）。联系电话：79330775。电子邮箱：pjqyo@uvlhdiok.airports.cn

Zhù zhǐ: Yè Xīng Kūn Zhōng Guó Shànghǎi Shì Jiādìng Qū Táo Róng Lù 607 Hào àngǎi Kuān Tiě Guó Jì Jī Chǎng (Yóuzhèng Biānmǎ：200942). Liánxì Diànhuà：79330775. Diànzǐ Yóuxiāng： pjqyo@uvlhdiok.airports.cn

Xing Kun Ye, Shanghai Kuan Tie International Airport, 607 Tao Rong Road, Jiading District, Shanghai, China. Postal Code: 200942. Phone Number：79330775. E-mail: pjqyo@uvlhdiok.airports.cn

5。姓名: 臧南风 性别 女 民族 蒙古

公民身份号码: 310113159005031741

住址（公园）：中国上海市宝山区柱智路 685 号阳陆公园（邮政编码：537741）。联系电话：24375687。电子邮箱：tqbdn@xrsmezwv.parks.cn

Zhù zhǐ: Zāng Nán Fēng Zhōng Guó Shànghǎi Shì Bǎoshān Qū Zhù Zhì Lù 685 Hào Yáng Liǔ Gōng Yuán （Yóuzhèng Biānmǎ：537741). Liánxì Diànhuà：24375687. Diànzǐ Yóuxiāng： tqbdn@xrsmezwv.parks.cn

Nan Feng Zang, Yang Liu Park, 685 Zhu Zhi Road, Baoshan District, Shanghai, China. Postal Code: 537741. Phone Number：24375687. E-mail：tqbdn@xrsmezwv.parks.cn

6。姓名: 符辙刚 性别 男 民族 高山

公民身份号码: 310107197516098690

住址（公园）：中国上海市普陀区乙焯路 154 号龙铭公园（邮政编码：989175）。联系电话：55560109。电子邮箱：fmkni@sckqymbx.parks.cn

Zhù zhǐ: Fú Zhé Gāng Zhōng Guó Shànghǎi Shì Pǔtuó Qū Yǐ Chāo Lù 154 Hào Lóng Míng Gōng Yuán （Yóuzhèng Biānmǎ：989175). Liánxì Diànhuà：55560109. Diànzǐ Yóuxiāng： fmkni@sckqymbx.parks.cn

Zhe Gang Fu, Long Ming Park, 154 Yi Chao Road, Putuo District, Shanghai, China. Postal Code: 989175. Phone Number：55560109. E-mail：fmkni@sckqymbx.parks.cn

7。姓名: 鲍中伦 性别 男 民族 仫佬

公民身份号码: 310114151005018357

住址（湖泊）：中国上海市嘉定区沛宝路 157 号磊食湖（邮政编码：116454）。联系电话：17212255。电子邮箱：unjzq@yphxcaze.lakes.cn

Zhù zhǐ: Bào Zhòng Lún Zhōng Guó Shànghǎi Shì Jiādìng Qū Bèi Bǎo Lù 157 Hào Lěi Yì Hú （Yóuzhèng Biānmǎ：116454). Liánxì Diànhuà：17212255. Diànzǐ Yóuxiāng：unjzq@yphxcaze.lakes.cn

Zhong Lun Bao, Lei Yi Lake, 157 Bei Bao Road, Jiading District, Shanghai, China. Postal Code: 116454. Phone Number：17212255. E-mail：unjzq@yphxcaze.lakes.cn

8。姓名: 项珏彬 性别 男   民族 哈尼

公民身份号码: 310120153523044017

住址（医院）：中国上海市奉贤区守居路 667 号鸣沛医院（邮政编码：768516）。联系电话：31943257。电子邮箱：dxqkt@xijtewml.health.cn

Zhù zhǐ: Xiàng Jué Bīn Zhōng Guó Shànghǎi Shì Fèngxián Qū Shǒu Jū Lù 667 Hào Míng Pèi Yī Yuàn (Yóuzhèng Biānmǎ： 768516). Liánxì Diànhuà： 31943257. Diànzǐ Yóuxiāng： dxqkt@xijtewml.health.cn

Jue Bin Xiang, Ming Pei Hospital, 667 Shou Ju Road, Fengxian District, Shanghai, China. Postal Code: 768516. Phone Number： 31943257. E-mail：dxqkt@xijtewml.health.cn

9。姓名: 隆钢乙 性别 男   民族 景颇

公民身份号码: 310114157510117391

住址（广场）：中国上海市嘉定区翰员路 399 号先龙广场（邮政编码：280272）。联系电话：49928276。电子邮箱：kqfne@apsdvzci.squares.cn

Zhù zhǐ: Lóng Gāng Yǐ Zhōng Guó Shànghǎi Shì Jiādìng Qū Hàn Yún Lù 399 Hào Xiān Lóng Guǎng Chǎng (Yóuzhèng Biānmǎ： 280272). Liánxì Diànhuà： 49928276. Diànzǐ Yóuxiāng： kqfne@apsdvzci.squares.cn

Gang Yi Long, Xian Long Square, 399 Han Yun Road, Jiading District, Shanghai, China. Postal Code: 280272. Phone Number： 49928276. E-mail：kqfne@apsdvzci.squares.cn

10。姓名: 杜先不 性别 女   民族 水

公民身份号码: 310115164227019584

住址（寺庙）：中国上海市浦东新区居食路 138 号宝金寺（邮政编码：510508）。联系电话：75779291。电子邮箱：myova@vamrzqhb.god.cn

Zhù zhǐ: Dù Xiān Bù Zhōng Guó Shànghǎi Shì Pǔdōng Xīnqū Jū Shí Lù 138 Hào Bǎo Jīn Sì (Yóuzhèng Biānmǎ：510508). Liánxì Diànhuà：75779291. Diànzǐ Yóuxiāng：myova@vamrzqhb.god.cn

Xian Bu Du, Bao Jin Temple, 138 Ju Shi Road, Pudong New Area, Shanghai, China. Postal Code: 510508. Phone Number：75779291. E-mail：myova@vamrzqhb.god.cn

11。姓名：昌翰科 性别 男 民族 乌孜别克

公民身份号码：310112159108047615

住址（寺庙）：中国上海市闵行区嘉兵路994号钦翼寺（邮政编码：603688）。联系电话：44907982。电子邮箱：evjyc@agroqidl.god.cn

Zhù zhǐ: Chāng Hàn Kē Zhōng Guó Shànghǎi Shì Mǐnxíng Qū Jiā Bīng Lù 994 Hào Qīn Yì Sì (Yóuzhèng Biānmǎ：603688). Liánxì Diànhuà：44907982. Diànzǐ Yóuxiāng：evjyc@agroqidl.god.cn

Han Ke Chang, Qin Yi Temple, 994 Jia Bing Road, Minhang District, Shanghai, China. Postal Code: 603688. Phone Number：44907982. E-mail：evjyc@agroqidl.god.cn

12。姓名：亢桥中 性别 男 民族 傈僳

公民身份号码：310115125404069757

住址（大学）：中国上海市浦东新区全伦大学冠毅路392号（邮政编码：820036）。联系电话：86402114。电子邮箱：cdynq@evoazgus.edu.cn

Zhù zhǐ: Kàng Qiáo Zhòng Zhōng Guó Shànghǎi Shì Pǔdōng Xīnqū Quán Lún DàxuéGuān Yì Lù 392 Hào (Yóuzhèng Biānmǎ：820036). Liánxì Diànhuà：86402114. Diànzǐ Yóuxiāng：cdynq@evoazgus.edu.cn

Qiao Zhong Kang, Quan Lun University, 392 Guan Yi Road, Pudong New Area, Shanghai, China. Postal Code: 820036. Phone Number：86402114. E-mail：cdynq@evoazgus.edu.cn

13。姓名: 尚钦冠 性别 女 民族 傣

公民身份号码: 310151119510114 0410

住址（广场）：中国上海市崇明区兵晗路 770 号南昌广场（邮政编码：272897）。联系电话：95488769。电子邮箱：fucbr@erotnuwl.squares.cn

Zhù zhǐ: Shàng Qīn Guàn Zhōng Guó Shànghǎi Shì Chóngmíng Qū Bīng Hán Lù 770 Hào Nán Chāng Guǎng Chǎng（Yóuzhèng Biānmǎ： 272897). Liánxì Diànhuà： 95488769. Diànzǐ Yóuxiāng： fucbr@erotnuwl.squares.cn

Qin Guan Shang, Nan Chang Square, 770 Bing Han Road, Chongming District, Shanghai, China. Postal Code: 272897. Phone Number：95488769. E-mail：fucbr@erotnuwl.squares.cn

14。姓名: 莫食咚 性别 男 民族 鄂温克

公民身份号码: 310118132313066494

住址（ 公司）：中国上海市青浦区进来路 360 号威楚有限公司（ 邮政编码：191805）。联系电话：94249204。电子邮箱：cyqhs@zpqsgxvn.biz.cn

Zhù zhǐ: Mò Sì Dōng Zhōng Guó Shànghǎi Shì Qīngpǔ Qū Jìn Lái Lù 360 Hào Wēi Chǔ Yǒuxiàn Gōngsī (Yóuzhèng Biānmǎ： 191805). Liánxì Diànhuà： 94249204. Diànzǐ Yóuxiāng： cyqhs@zpqsgxvn.biz.cn

Si Dong Mo, Wei Chu Corporation, 360 Jin Lai Road, Qingpu District, Shanghai, China. Postal Code: 191805. Phone Number：94249204. E-mail：cyqhs@zpqsgxvn.biz.cn

15。姓名: 查克淹 性别 女 民族 满

公民身份号码: 310115122505029383

住址（湖泊）：中国上海市浦东新区龙沛路 528 号郁光湖（邮政编码：811469）。联系电话：40610848。电子邮箱：insqy@uxmsvwzg.lakes.cn

Zhù zhǐ: Zhā Kè Yān Zhōng Guó Shànghǎi Shì Pǔdōng Xīnqū Lóng Bèi Lù 528 Hào Yù Guāng Hú (Yóuzhèng Biānmǎ：811469). Liánxì Diànhuà：40610848. Diànzǐ Yóuxiāng： insqy@uxmsvwzg.lakes.cn

Ke Yan Zha, Yu Guang Lake, 528 Long Bei Road, Pudong New Area, Shanghai, China. Postal Code: 811469. Phone Number：40610848. E-mail：insqy@uxmsvwzg.lakes.cn

16。姓名: 左丘甫锤 性别 女 民族 哈萨克

公民身份号码: 310151171320104846

住址（ 公共汽车站）：中国上海市崇明区进磊路 781 号大骥站（ 邮政编码：837572）。联系电话：83489161。电子邮箱：bshzr@qcgpzeih.transport.cn

Zhù zhǐ: Zuǒqiū Fǔ Chuí Zhōng Guó Shànghǎi Shì Chóngmíng Qū Jìn Lěi Lù 781 Hào Dài Jì Zhàn (Yóuzhèng Biānmǎ：837572). Liánxì Diànhuà：83489161. Diànzǐ Yóuxiāng：bshzr@qcgpzeih.transport.cn

Fu Chui Zuoqiu, Dai Ji Bus Station, 781 Jin Lei Road, Chongming District, Shanghai, China. Postal Code: 837572. Phone Number：83489161. E-mail：bshzr@qcgpzeih.transport.cn

17。姓名: 宁钢冠 性别 男 民族 赫哲

公民身份号码: 310105120905091993

住址（家庭）：中国上海市长宁区腾征路 248 号可振公寓 8 层 712 室（ 邮政编码：385592）。联系电话：30525175。电子邮箱：phitd@yvgarbmo.cn

Zhù zhǐ: Nìng Gāng Guàn Zhōng Guó Shànghǎi Shì Zhǎngníng Qū Téng Zhēng Lù 248 Hào Kě Zhèn Gōng Yù 8 Céng 712 Shì (Yóuzhèng Biānmǎ：385592). Liánxì Diànhuà：30525175. Diànzǐ Yóuxiāng：phitd@yvgarbmo.cn

Gang Guan Ning, Room# 712, Floor# 8, Ke Zhen Apartment, 248 Teng Zheng Road, Changning District, Shanghai, China. Postal Code: 385592. Phone Number：30525175. E-mail： phitd@yvgarbmo.cn

18。姓名：穆坤昌 性别 女 民族 德昂

公民身份号码: 310104110224014681

住址（火车站）：中国上海市徐汇区居沛路 186 号上海站（邮政编码：412632）。联系电话：43053051。电子邮箱：ethzj@jflpvwki.chr.cn

Zhù zhǐ: Mù Kūn Chāng Zhōng Guó Shànghǎi Shì Xúhuì Qū Jū Bèi Lù 186 Hào àngǎi Zhàn （Yóuzhèng Biānmǎ：412632). Liánxì Diànhuà： 43053051. Diànzǐ Yóuxiāng：ethzj@jflpvwki.chr.cn

Kun Chang Mu, Shanghai Railway Station, 186 Ju Bei Road, Xuhui District, Shanghai, China. Postal Code: 412632. Phone Number：43053051. E-mail：ethzj@jflpvwki.chr.cn

19。姓名：禹威岐 性别 男 民族 藏

公民身份号码: 310115141212054773

住址（湖泊）：中国上海市浦东新区鸣世路 961 号食大湖（邮政编码：624953）。联系电话：66868141。电子邮箱：hqwtf@noafuczm.lakes.cn

Zhù zhǐ: Yǔ Wēi Qí Zhōng Guó Shànghǎi Shì Pǔdōng Xīnqū Míng Shì Lù 961 Hào Sì Dài Hú （Yóuzhèng Biānmǎ：624953). Liánxì Diànhuà：66868141. Diànzǐ Yóuxiāng：hqwtf@noafuczm.lakes.cn

Wei Qi Yu, Si Dai Lake, 961 Ming Shi Road, Pudong New Area, Shanghai, China. Postal Code: 624953. Phone Number：66868141. E-mail：hqwtf@noafuczm.lakes.cn

20。姓名：何土南 性别 女 民族 锡伯

公民身份号码: 310107168914014125

住址（酒店）：中国上海市普陀区进桥路 838 号立豹酒店（邮政编码：943697）。联系电话：86541397。电子邮箱：pzgsw@uwlknjqf.biz.cn

Zhù zhǐ: Hé Tǔ Nán Zhōng Guó Shànghǎi Shì Pǔtuó Qū Jìn Qiáo Lù 838 Hào Lì Bào Jiǔ Diàn (Yóuzhèng Biānmǎ：943697). Liánxì Diànhuà：86541397. Diànzǐ Yóuxiāng：pzgsw@uwlknjqf.biz.cn

Tu Nan He, Li Bao Hotel, 838 Jin Qiao Road, Putuo District, Shanghai, China. Postal Code: 943697. Phone Number：86541397. E-mail：pzgsw@uwlknjqf.biz.cn

CHAPTER 2: SHEN FEN ZHENG (21-40)

21。姓名：微轶懂 性别 女 民族 纳西

公民身份号码：310101127613108000

住址（湖泊）：中国上海市黄浦区冕乙路992号沛铭湖（邮政编码：963080）。联系电话：57641768。电子邮箱：eysfo@wfonkpye.lakes.cn

Zhù zhǐ: Wēi Yì Dǒng Zhōng Guó Shànghǎi Shì Huángpǔ Qū Miǎn Yǐ Lù 992 Hào Bèi Míng Hú （Yóuzhèng Biānmǎ：963080). Liánxì Diànhuà：57641768. Diànzǐ Yóuxiāng：eysfo@wfonkpye.lakes.cn

Yi Dong Wei, Bei Ming Lake, 992 Mian Yi Road, Huangpu District, Shanghai, China. Postal Code: 963080. Phone Number：57641768. E-mail：eysfo@wfonkpye.lakes.cn

22。姓名：琴晖鸣 性别 男 民族 珞巴

公民身份号码：310105141004023111

住址（公园）：中国上海市长宁区坡全路324号敬冠公园（邮政编码：898708）。联系电话：62671780。电子邮箱：twvko@pujbyrvd.parks.cn

Zhù zhǐ: Qín Huī Míng Zhōng Guó Shànghǎi Shì Zhǎngníng Qū Pō Quán Lù 324 Hào Jìng Guàn Gōng Yuán （Yóuzhèng Biānmǎ：898708). Liánxì Diànhuà：62671780. Diànzǐ Yóuxiāng：twvko@pujbyrvd.parks.cn

Hui Ming Qin, Jing Guan Park, 324 Po Quan Road, Changning District, Shanghai, China. Postal Code: 898708. Phone Number：62671780. E-mail：twvko@pujbyrvd.parks.cn

23。姓名：楚圣智 性别 男 民族 侗

公民身份号码：310115111330013858

住址（火车站）：中国上海市浦东新区愈源路878号上海站（邮政编码：926555）。联系电话：33579465。电子邮箱：kqrne@htasncwg.chr.cn

Zhù zhǐ: Chǔ Shèng Zhì Zhōng Guó Shànghǎi Shì Pǔdōng Xīnqū Yù Yuán Lù 878 Hào àngǎi Zhàn (Yóuzhèng Biānmǎ：926555). Liánxì Diànhuà：33579465. Diànzǐ Yóuxiāng：kqrne@htasncwg.chr.cn

Sheng Zhi Chu, Shanghai Railway Station, 878 Yu Yuan Road, Pudong New Area, Shanghai, China. Postal Code: 926555. Phone Number：33579465. E-mail：kqrne@htasncwg.chr.cn

24。姓名:年波计 性别 男 民族 羌

公民身份号码: 310151194109056836

住址（湖泊）：中国上海市崇明区翼恩路916号食腾湖（邮政编码：968849）。联系电话：63999016。电子邮箱：jtxlv@zcqtarpv.lakes.cn

Zhù zhǐ: Nián Bō Jì Zhōng Guó Shànghǎi Shì Chóngmíng Qū Yì Ēn Lù 916 Hào Shí Téng Hú (Yóuzhèng Biānmǎ：968849). Liánxì Diànhuà：63999016. Diànzǐ Yóuxiāng：jtxlv@zcqtarpv.lakes.cn

Bo Ji Nian, Shi Teng Lake, 916 Yi En Road, Chongming District, Shanghai, China. Postal Code: 968849. Phone Number：63999016. E-mail：jtxlv@zcqtarpv.lakes.cn

25。姓名:卞洵郁 性别 女 民族 阿昌

公民身份号码: 310117107129128665

住址（广场）：中国上海市松江区陆辉路345号辙独广场（邮政编码：805903）。联系电话：53704845。电子邮箱：mpbyh@wbcrlako.squares.cn

Zhù zhǐ: Biàn Xún Yù Zhōng Guó Shànghǎi Shì Sōngjiāng Qū Liù Huī Lù 345 Hào Zhé Dú Guǎng Chǎng (Yóuzhèng Biānmǎ：805903). Liánxì Diànhuà：53704845. Diànzǐ Yóuxiāng：mpbyh@wbcrlako.squares.cn

Xun Yu Bian, Zhe Du Square, 345 Liu Hui Road, Songjiang District, Shanghai, China. Postal Code: 805903. Phone Number：53704845. E-mail：mpbyh@wbcrlako.squares.cn

26。姓名：慎红毅 性别 女 民族 门巴

公民身份号码: 310114166726059669

住址（大学）：中国上海市嘉定区淹山大学盛顺路 801 号（邮政编码：364332）。联系电话：76229607。电子邮箱：hgftc@krbixyjq.edu.cn

Zhù zhǐ: Shèn Hóng Yì Zhōng Guó Shànghǎi Shì Jiādìng Qū Yān Shān DàxuéShèng Shùn Lù 801 Hào (Yóuzhèng Biānmǎ：364332). Liánxì Diànhuà：76229607. Diànzǐ Yóuxiāng：hgftc@krbixyjq.edu.cn

Hong Yi Shen, Yan Shan University, 801 Sheng Shun Road, Jiading District, Shanghai, China. Postal Code: 364332. Phone Number：76229607. E-mail：hgftc@krbixyjq.edu.cn

27。姓名：任学圣 性别 女 民族 锡伯

公民身份号码: 310105102625112721

住址（公共汽车站）：中国上海市长宁区领金路 974 号歧稼站（邮政编码：471396）。联系电话：54876186。电子邮箱：nomxi@fqlondsu.transport.cn

Zhù zhǐ: Rèn Xué Shèng Zhōng Guó Shànghǎi Shì Zhǎngníng Qū Lǐng Jīn Lù 974 Hào Qí Jià Zhàn (Yóuzhèng Biānmǎ：471396). Liánxì Diànhuà：54876186. Diànzǐ Yóuxiāng：nomxi@fqlondsu.transport.cn

Xue Sheng Ren, Qi Jia Bus Station, 974 Ling Jin Road, Changning District, Shanghai, China. Postal Code: 471396. Phone Number：54876186. E-mail：nomxi@fqlondsu.transport.cn

28。姓名：贺乙跃 性别 男 民族 土家

公民身份号码: 310101102016063079

住址（火车站）：中国上海市黄浦区译彬路 867 号上海站（邮政编码：267561）。联系电话：71108949。电子邮箱：wxves@ywpkbotg.chr.cn

Zhù zhǐ: Hè Yǐ Yuè Zhōng Guó Shànghǎi Shì Huángpǔ Qū Yì Bīn Lù 867 Hào àngǎi Zhàn （Yóuzhèng Biānmǎ： 267561). Liánxì Diànhuà： 71108949. Diànzǐ Yóuxiāng： wxves@ywpkbotg.chr.cn

Yi Yue He, Shanghai Railway Station, 867 Yi Bin Road, Huangpu District, Shanghai, China. Postal Code: 267561. Phone Number： 71108949. E-mail： wxves@ywpkbotg.chr.cn

29。姓名:席翰世 性别 女 民族 珞巴

公民身份号码: 310116180209031342

住址（火车站）：中国上海市金山区员钊路 600 号上海站（邮政编码：259507）。联系电话：84712874。电子邮箱：lqzfi@whifueqv.chr.cn

Zhù zhǐ: Xí Hàn Shì Zhōng Guó Shànghǎi Shì Jīnshān Qū Yuán Zhāo Lù 600 Hào àngǎi Zhàn (Yóuzhèng Biānmǎ： 259507). Liánxì Diànhuà： 84712874. Diànzǐ Yóuxiāng： lqzfi@whifueqv.chr.cn

Han Shi Xi, Shanghai Railway Station, 600 Yuan Zhao Road, Jinshan District, Shanghai, China. Postal Code: 259507. Phone Number： 84712874. E-mail： lqzfi@whifueqv.chr.cn

30。姓名:令狐人维 性别 男 民族 珞巴

公民身份号码: 310112202130098593

住址（广场）：中国上海市闵行区熔铁路 548 号晖澜广场（邮政编码：995407）。联系电话：42942311。电子邮箱：qvsmj@xayhctjs.squares.cn

Zhù zhǐ: Lìnghú Rén Wéi Zhōng Guó Shànghǎi Shì Mǐnxíng Qū Róng Tiě Lù 548 Hào Huī Lán Guǎng Chǎng (Yóuzhèng Biānmǎ： 995407). Liánxì Diànhuà： 42942311. Diànzǐ Yóuxiāng： qvsmj@xayhctjs.squares.cn

Ren Wei Linghu, Hui Lan Square, 548 Rong Tie Road, Minhang District, Shanghai, China. Postal Code: 995407. Phone Number： 42942311. E-mail： qvsmj@xayhctjs.squares.cn

31。姓名:帅际嘉 性别 男 民族 壮

公民身份号码: 310114173307118312

住址（火车站）：中国上海市嘉定区征冠路 132 号上海站（邮政编码：886218）。联系电话：77729998。电子邮箱：qsjyb@uoehbldz.chr.cn

Zhù zhǐ: Shuài Jì Jiā Zhōng Guó Shànghǎi Shì Jiādìng Qū Zhēng Guàn Lù 132 Hào àngǎi Zhàn (Yóuzhèng Biānmǎ：886218). Liánxì Diànhuà：77729998. Diànzǐ Yóuxiāng：qsjyb@uoehbldz.chr.cn

Ji Jia Shuai, Shanghai Railway Station, 132 Zheng Guan Road, Jiading District, Shanghai, China. Postal Code: 886218. Phone Number：77729998. E-mail：qsjyb@uoehbldz.chr.cn

32。姓名:纪珂发 性别 男 民族 土家

公民身份号码: 310116121429088557

住址（ 公共汽车站）：中国上海市金山区员全路 902 号毅钊站（ 邮政编码：669719）。联系电话：70042423。电子邮箱：rcgzy@qlwdycib.transport.cn

Zhù zhǐ: Jì Kē Fā Zhōng Guó Shànghǎi Shì Jīnshān Qū Yuán Quán Lù 902 Hào Yì Zhāo Zhàn (Yóuzhèng Biānmǎ：669719). Liánxì Diànhuà：70042423. Diànzǐ Yóuxiāng：rcgzy@qlwdycib.transport.cn

Ke Fa Ji, Yi Zhao Bus Station, 902 Yuan Quan Road, Jinshan District, Shanghai, China. Postal Code: 669719. Phone Number：70042423. E-mail：rcgzy@qlwdycib.transport.cn

33。姓名:韶可茂 性别 女 民族 保安

公民身份号码: 310113116729063084

住址（酒店）：中国上海市宝山区仲强路 155 号汉队酒店（邮政编码：449933）。联系电话：56715195。电子邮箱：uexor@tvanpkoz.biz.cn

Zhù zhǐ: Sháo Kě Mào Zhōng Guó Shànghǎi Shì Bǎoshān Qū Zhòng Qiǎng Lù 155 Hào Hàn Duì Jiǔ Diàn （Yóuzhèng Biānmǎ：449933). Liánxì Diànhuà：56715195. Diànzǐ Yóuxiāng： uexor@tvanpkoz.biz.cn

Ke Mao Shao, Han Dui Hotel, 155 Zhong Qiang Road, Baoshan District, Shanghai, China. Postal Code: 449933. Phone Number：56715195. E-mail：uexor@tvanpkoz.biz.cn

34。姓名:华智隆 性别 男 民族 瑶

公民身份号码: 310104181924122378

住址（医院）：中国上海市徐汇区不甫路 799 号人员医院（邮政编码：214848）。联系电话：96670188。电子邮箱：nvphr@qryfxkha.health.cn

Zhù zhǐ: Huà Zhì Lóng Zhōng Guó Shànghǎi Shì Xúhuì Qū Bù Fǔ Lù 799 Hào Rén Yún Yī Yuàn （Yóuzhèng Biānmǎ： 214848). Liánxì Diànhuà： 96670188. Diànzǐ Yóuxiāng： nvphr@qryfxkha.health.cn

Zhi Long Hua, Ren Yun Hospital, 799 Bu Fu Road, Xuhui District, Shanghai, China. Postal Code: 214848. Phone Number：96670188. E-mail：nvphr@qryfxkha.health.cn

35。姓名:麻熔石 性别 男 民族 撒拉

公民身份号码: 310107111718023957

住址（医院）：中国上海市普陀区其威路 428 号勇焯医院（邮政编码：817790）。联系电话：98824976。电子邮箱：afngy@tqkiupyz.health.cn

Zhù zhǐ: Má Róng Dàn Zhōng Guó Shànghǎi Shì Pǔtuó Qū Qí Wēi Lù 428 Hào Yǒng Zhuō Yī Yuàn （Yóuzhèng Biānmǎ：817790). Liánxì Diànhuà：98824976. Diànzǐ Yóuxiāng： afngy@tqkiupyz.health.cn

Rong Dan Ma, Yong Zhuo Hospital, 428 Qi Wei Road, Putuo District, Shanghai, China. Postal Code: 817790. Phone Number：98824976. E-mail：afngy@tqkiupyz.health.cn

36。姓名: 万守白 性别 女 民族 赫哲

公民身份号码: 310109131707015109

住址（公园）：中国上海市虹口区食伦路 671 号发亚公园（邮政编码：304321）。联系电话：77046059。电子邮箱：jmtws@qgfxpmwv.parks.cn

Zhù zhǐ: Wàn Shǒu Bái Zhōng Guó Shànghǎi Shì Hóngkǒu Qū Yì Lún Lù 671 Hào Fā Yà Gōng Yuán (Yóuzhèng Biānmǎ: 304321). Liánxì Diànhuà: 77046059. Diànzǐ Yóuxiāng: jmtws@qgfxpmwv.parks.cn

Shou Bai Wan, Fa Ya Park, 671 Yi Lun Road, Hongkou District, Shanghai, China. Postal Code: 304321. Phone Number: 77046059. E-mail: jmtws@qgfxpmwv.parks.cn

37。姓名: 阮征强 性别 女 民族 苗

公民身份号码: 310151131102031969

住址（机场）：中国上海市崇明区坚稼路 757 号上海土不国际机场（邮政编码：528123）。联系电话：42274748。电子邮箱：czdpn@ixdywbor.airports.cn

Zhù zhǐ: Ruǎn Zhēng Qiǎng Zhōng Guó Shànghǎi Shì Chóngmíng Qū Jiān Jià Lù 757 Hào àngǎi Tǔ Bù Guó Jì Jī Chǎng (Yóuzhèng Biānmǎ: 528123). Liánxì Diànhuà: 42274748. Diànzǐ Yóuxiāng: czdpn@ixdywbor.airports.cn

Zheng Qiang Ruan, Shanghai Tu Bu International Airport, 757 Jian Jia Road, Chongming District, Shanghai, China. Postal Code: 528123. Phone Number: 42274748. E-mail: czdpn@ixdywbor.airports.cn

38。姓名: 於水石 性别 女 民族 俄罗斯

公民身份号码: 310106114605061208

住址（公司）：中国上海市静安区可葆路 952 号珂宽有限公司（邮政编码：956432）。联系电话：31575000。电子邮箱：zcayr@vmqcwgdj.biz.cn

Zhù zhǐ: Yū Shuǐ Dàn Zhōng Guó Shànghǎi Shì Jìngān Qū Kě Bǎo Lù 952 Hào Kē Kuān Yǒuxiàn Gōngsī (Yóuzhèng Biānmǎ：956432). Liánxì Diànhuà：31575000. Diànzǐ Yóuxiāng： zcayr@vmqcwgdj.biz.cn

Shui Dan Yu, Ke Kuan Corporation, 952 Ke Bao Road, Jingan District, Shanghai, China. Postal Code: 956432. Phone Number：31575000. E-mail：zcayr@vmqcwgdj.biz.cn

39。姓名:左波翰 性别 女 民族 俄罗斯

公民身份号码: 310151162509023049

住址（广场）：中国上海市崇明区豹尚路974号源陶广场（邮政编码：895316）。联系电话：53258614。电子邮箱：ujitk@nglxevud.squares.cn

Zhù zhǐ: Zuǒ Bō Hàn Zhōng Guó Shànghǎi Shì Chóngmíng Qū Bào Shàng Lù 974 Hào Yuán Táo Guǎng Chǎng (Yóuzhèng Biānmǎ：895316). Liánxì Diànhuà：53258614. Diànzǐ Yóuxiāng： ujitk@nglxevud.squares.cn

Bo Han Zuo, Yuan Tao Square, 974 Bao Shang Road, Chongming District, Shanghai, China. Postal Code: 895316. Phone Number：53258614. E-mail：ujitk@nglxevud.squares.cn

40。姓名:宿际院 性别 女 民族 毛南

公民身份号码: 310109100703099700

住址（火车站）：中国上海市虹口区坚土路460号上海站（邮政编码：784401）。联系电话：52215954。电子邮箱：pydvm@zmocqiru.chr.cn

Zhù zhǐ: Sù Jì Yuàn Zhōng Guó Shànghǎi Shì Hóngkǒu Qū Jiān Tǔ Lù 460 Hào àngǎi Zhàn (Yóuzhèng Biānmǎ：784401). Liánxì Diànhuà：52215954. Diànzǐ Yóuxiāng：pydvm@zmocqiru.chr.cn

Ji Yuan Su, Shanghai Railway Station, 460 Jian Tu Road, Hongkou District, Shanghai, China. Postal Code: 784401. Phone Number：52215954. E-mail：pydvm@zmocqiru.chr.cn

CHAPTER 3: SHEN FEN ZHENG (41-60)

41。姓名: 百浩陶 性别 女 民族 珞巴

公民身份号码: 310114181421077589

住址（ 博物院）：中国上海市嘉定区食桥路 758 号上海博物馆（ 邮政编码：846447）。联系电话：76323090。电子邮箱：mexlv@bksqwmva.museums.cn

Zhù zhǐ: Bǎi Hào Táo Zhōng Guó Shànghǎi Shì Jiādìng Qū Yì Qiáo Lù 758 Hào àngǎi Bó Wù Guǎn (Yóuzhèng Biānmǎ: 846447). Liánxì Diànhuà: 76323090. Diànzǐ Yóuxiāng: mexlv@bksqwmva.museums.cn

Hao Tao Bai, Shanghai Museum, 758 Yi Qiao Road, Jiading District, Shanghai, China. Postal Code: 846447. Phone Number: 76323090. E-mail: mexlv@bksqwmva.museums.cn

42。姓名: 邓豹亭 性别 女 民族 东乡

公民身份号码: 310104107511052889

住址（广场）：中国上海市徐汇区强歧路 266 号祥员广场（ 邮政编码：423412）。联系电话：57516555。电子邮箱：kwbem@rkseopwv.squares.cn

Zhù zhǐ: Dèng Bào Tíng Zhōng Guó Shànghǎi Shì Xúhuì Qū Qiǎng Qí Lù 266 Hào Xiáng Yuán Guǎng Chǎng (Yóuzhèng Biānmǎ: 423412). Liánxì Diànhuà: 57516555. Diànzǐ Yóuxiāng: kwbem@rkseopwv.squares.cn

Bao Ting Deng, Xiang Yuan Square, 266 Qiang Qi Road, Xuhui District, Shanghai, China. Postal Code: 423412. Phone Number: 57516555. E-mail: kwbem@rkseopwv.squares.cn

43。姓名: 左丘先甫 性别 男 民族 哈尼

公民身份号码: 310115195928024297

住址（大学）：中国上海市浦东新区进可大学仲立路 380 号（邮政编码：472267）。联系电话：20685542。电子邮箱：mboia@axdnjpgr.edu.cn

Zhù zhǐ: Zuǒqiū Xiān Fǔ Zhōng Guó Shànghǎi Shì Pǔdōng Xīnqū Jìn Kě Dàxué Zhòng Lì Lù 380 Hào (Yóuzhèng Biānmǎ：472267). Liánxì Diànhuà：20685542. Diànzǐ Yóuxiāng：mboia@axdnjpgr.edu.cn

Xian Fu Zuoqiu, Jin Ke University, 380 Zhong Li Road, Pudong New Area, Shanghai, China. Postal Code: 472267. Phone Number：20685542. E-mail：mboia@axdnjpgr.edu.cn

44。姓名:魏化守 性别 女 民族 黎

公民身份号码: 310105108803057582

住址（家庭）：中国上海市长宁区禹钦路 510 号化友公寓 14 层 260 室（邮政编码：857471）。联系电话：12834430。电子邮箱：imtko@fmovdnle.cn

Zhù zhǐ: Wèi Huà Shǒu Zhōng Guó Shànghǎi Shì Zhǎngníng Qū Yǔ Qīn Lù 510 Hào Huà Yǒu Gōng Yù 14 Céng 260 Shì (Yóuzhèng Biānmǎ：857471). Liánxì Diànhuà：12834430. Diànzǐ Yóuxiāng：imtko@fmovdnle.cn

Hua Shou Wei, Room# 260, Floor# 14, Hua You Apartment, 510 Yu Qin Road, Changning District, Shanghai, China. Postal Code: 857471. Phone Number：12834430. E-mail：imtko@fmovdnle.cn

45。姓名:靳豹冠 性别 女 民族 德昂

公民身份号码: 310104180517031224

住址（湖泊）：中国上海市徐汇区楚郁路 306 号愈斌湖（邮政编码：997315）。联系电话：82125008。电子邮箱：pcket@nfjdxvhp.lakes.cn

Zhù zhǐ: Jìn Bào Guàn Zhōng Guó Shànghǎi Shì Xúhuì Qū Chǔ Yù Lù 306 Hào Yù Bīn Hú (Yóuzhèng Biānmǎ：997315). Liánxì Diànhuà：82125008. Diànzǐ Yóuxiāng：pcket@nfjdxvhp.lakes.cn

Bao Guan Jin, Yu Bin Lake, 306 Chu Yu Road, Xuhui District, Shanghai, China. Postal Code: 997315. Phone Number： 82125008. E-mail：pcket@nfjdxvhp.lakes.cn

46。姓名: 杭愈大 性别 男 民族 达斡尔

公民身份号码: 310120136612033399

住址（医院）：中国上海市奉贤区亮可路 301 号甫克医院（邮政编码：968457）。联系电话：18468983。电子邮箱：znepf@bcewfmuv.health.cn

Zhù zhǐ: Háng Yù Dà Zhōng Guó Shànghǎi Shì Fèngxián Qū Liàng Kě Lù 301 Hào Fǔ Kè Yī Yuàn (Yóuzhèng Biānmǎ：968457). Liánxì Diànhuà：18468983. Diànzǐ Yóuxiāng：znepf@bcewfmuv.health.cn

Yu Da Hang, Fu Ke Hospital, 301 Liang Ke Road, Fengxian District, Shanghai, China. Postal Code: 968457. Phone Number：18468983. E-mail：znepf@bcewfmuv.health.cn

47。姓名: 商石己 性别 女 民族 拉祜

公民身份号码: 310120201920078 0610

住址（公司）：中国上海市奉贤区钦国路 699 号龙启有限公司（邮政编码：724049）。联系电话：71467066。电子邮箱：wenpr@dvrmyjfa.biz.cn

Zhù zhǐ: Shāng Shí Jǐ Zhōng Guó Shànghǎi Shì Fèngxián Qū Qīn Guó Lù 699 Hào Lóng Qǐ Yǒuxiàn Gōngsī (Yóuzhèng Biānmǎ：724049). Liánxì Diànhuà：71467066. Diànzǐ Yóuxiāng：wenpr@dvrmyjfa.biz.cn

Shi Ji Shang, Long Qi Corporation, 699 Qin Guo Road, Fengxian District, Shanghai, China. Postal Code: 724049. Phone Number：71467066. E-mail：wenpr@dvrmyjfa.biz.cn

48。姓名: 詹山桥 性别 男 民族 仡佬

公民身份号码: 310113148519021070

住址（酒店）：中国上海市宝山区智轼路 590 号智维酒店（邮政编码：392232）。联系电话：27744093。电子邮箱：ihvfy@rzgwjmbx.biz.cn

Zhù zhǐ: Zhān Shān Qiáo Zhōng Guó Shànghǎi Shì Bǎoshān Qū Zhì Shì Lù 590 Hào Zhì Wéi Jiǔ Diàn (Yóuzhèng Biānmǎ: 392232). Liánxì Diànhuà: 27744093. Diànzǐ Yóuxiāng: ihvfy@rzgwjmbx.biz.cn

Shan Qiao Zhan, Zhi Wei Hotel, 590 Zhi Shi Road, Baoshan District, Shanghai, China. Postal Code: 392232. Phone Number: 27744093. E-mail: ihvfy@rzgwjmbx.biz.cn

49。姓名:隗恩水 性别 男 民族 基诺

公民身份号码: 310110120214062197

住址（公园）：中国上海市杨浦区原泽路 588 号勇禹公园（邮政编码：629052）。联系电话：58473309。电子邮箱：udrfg@ctakxjnw.parks.cn

Zhù zhǐ: Kuí Ēn Shuǐ Zhōng Guó Shànghǎi Shì Yángpǔ Qū Yuán Zé Lù 588 Hào Yǒng Yǔ Gōng Yuán (Yóuzhèng Biānmǎ: 629052). Liánxì Diànhuà: 58473309. Diànzǐ Yóuxiāng: udrfg@ctakxjnw.parks.cn

En Shui Kui, Yong Yu Park, 588 Yuan Ze Road, Yangpu District, Shanghai, China. Postal Code: 629052. Phone Number: 58473309. E-mail: udrfg@ctakxjnw.parks.cn

50。姓名:尤盛可 性别 男 民族 塔塔尔

公民身份号码: 310107191418106915

住址（广场）：中国上海市普陀区柱原路 383 号土秀广场（邮政编码：150656）。联系电话：80193899。电子邮箱：dafqh@fgciyjro.squares.cn

Zhù zhǐ: Yóu Chéng Kě Zhōng Guó Shànghǎi Shì Pǔtuó Qū Zhù Yuán Lù 383 Hào Tǔ Xiù Guǎng Chǎng (Yóuzhèng Biānmǎ: 150656). Liánxì Diànhuà: 80193899. Diànzǐ Yóuxiāng: dafqh@fgciyjro.squares.cn

Cheng Ke You, Tu Xiu Square, 383 Zhu Yuan Road, Putuo District, Shanghai, China. Postal Code: 150656. Phone Number: 80193899. E-mail: dafqh@fgciyjro.squares.cn

51。姓名: 公稼洶 性别 女 民族 裕固

公民身份号码: 310112106312071042

住址（湖泊）：中国上海市闵行区陆葆路 426 号员员湖（邮政编码：204408）。联系电话：76000842。电子邮箱：utoca@vfowcmxa.lakes.cn

Zhù zhǐ: Gōng Jià Xún Zhōng Guó Shànghǎi Shì Mǐnxíng Qū Lù Bǎo Lù 426 Hào Yún Yún Hú (Yóuzhèng Biānmǎ: 204408). Liánxì Diànhuà: 76000842. Diànzǐ Yóuxiāng: utoca@vfowcmxa.lakes.cn

Jia Xun Gong, Yun Yun Lake, 426 Lu Bao Road, Minhang District, Shanghai, China. Postal Code: 204408. Phone Number: 76000842. E-mail: utoca@vfowcmxa.lakes.cn

52。姓名: 仰队寰 性别 女 民族 阿昌

公民身份号码: 310151197822122082

住址（家庭）：中国上海市崇明区茂歧路 719 号迅桥公寓 14 层 539 室（邮政编码：980376）。联系电话：71336740。电子邮箱：mvqor@mfzroaen.cn

Zhù zhǐ: Yǎng Duì Huán Zhōng Guó Shànghǎi Shì Chóngmíng Qū Mào Qí Lù 719 Hào Xùn Qiáo Gōng Yù 14 Céng 539 Shì (Yóuzhèng Biānmǎ: 980376). Liánxì Diànhuà: 71336740. Diànzǐ Yóuxiāng: mvqor@mfzroaen.cn

Dui Huan Yang, Room# 539, Floor# 14, Xun Qiao Apartment, 719 Mao Qi Road, Chongming District, Shanghai, China. Postal Code: 980376. Phone Number: 71336740. E-mail: mvqor@mfzroaen.cn

53。姓名: 江启冠 性别 男 民族 赫哲

公民身份号码: 310120156014082798

住址（博物院）：中国上海市奉贤区珂原路 661 号上海博物馆（邮政编码：163267）。联系电话：33269373。电子邮箱：teygv@iexdjykm.museums.cn

Zhù zhǐ: Jiāng Qǐ Guān Zhōng Guó Shànghǎi Shì Fèngxián Qū Kē Yuán Lù 661 Hào àngǎi Bó Wù Guǎn (Yóuzhèng Biānmǎ：163267). Liánxì Diànhuà：33269373. Diànzǐ Yóuxiāng：teygv@iexdjykm.museums.cn

Qi Guan Jiang, Shanghai Museum, 661 Ke Yuan Road, Fengxian District, Shanghai, China. Postal Code: 163267. Phone Number：33269373. E-mail：teygv@iexdjykm.museums.cn

54。姓名:池立嘉 性别 男 民族 柯尔克孜

公民身份号码: 310106199714118097

住址（医院）：中国上海市静安区食仓路 720 号强俊医院（邮政编码：778083）。联系电话：47130602。电子邮箱：dznkw@fzksnlea.health.cn

Zhù zhǐ: Chí Lì Jiā Zhōng Guó Shànghǎi Shì Jìngān Qū Sì Cāng Lù 720 Hào Qiáng Jùn Yī Yuàn (Yóuzhèng Biānmǎ：778083). Liánxì Diànhuà：47130602. Diànzǐ Yóuxiāng：dznkw@fzksnlea.health.cn

Li Jia Chi, Qiang Jun Hospital, 720 Si Cang Road, Jingan District, Shanghai, China. Postal Code: 778083. Phone Number：47130602. E-mail：dznkw@fzksnlea.health.cn

55。姓名:刘熔食 性别 男 民族 赫哲

公民身份号码: 310107200906017110

住址（公司）：中国上海市普陀区钊威路 190 号中原有限公司（邮政编码：491807）。联系电话：26182853。电子邮箱：furwh@ysbuicdr.biz.cn

Zhù zhǐ: Liú Róng Sì Zhōng Guó Shànghǎi Shì Pǔtuó Qū Zhāo Wēi Lù 190 Hào Zhòng Yuán Yǒuxiàn Gōngsī (Yóuzhèng Biānmǎ：491807). Liánxì Diànhuà：26182853. Diànzǐ Yóuxiāng：furwh@ysbuicdr.biz.cn

Rong Si Liu, Zhong Yuan Corporation, 190 Zhao Wei Road, Putuo District, Shanghai, China. Postal Code: 491807. Phone Number：26182853. E-mail：furwh@ysbuicdr.biz.cn

56。姓名: 公良可食 性别 女 民族 满

公民身份号码: 310118138721019442

住址（广场）：中国上海市青浦区全珂路 896 号庆守广场（邮政编码：341711）。联系电话：62685056。电子邮箱：hsbck@atybjzuc.squares.cn

Zhù zhǐ: Gōngliáng Kě Yì Zhōng Guó Shànghǎi Shì Qīngpǔ Qū Quán Kē Lù 896 Hào Qìng Shǒu Guǎng Chǎng (Yóuzhèng Biānmǎ：341711). Liánxì Diànhuà：62685056. Diànzǐ Yóuxiāng：hsbck@atybjzuc.squares.cn

Ke Yi Gongliang, Qing Shou Square, 896 Quan Ke Road, Qingpu District, Shanghai, China. Postal Code: 341711. Phone Number：62685056. E-mail：hsbck@atybjzuc.squares.cn

57。姓名: 申屠屹轶 性别 女 民族 回

公民身份号码: 310117136820021121

住址（机场）：中国上海市松江区九谢路 323 号上海郁维国际机场（邮政编码：192787）。联系电话：72178310。电子邮箱：cifzt@mjpytwde.airports.cn

Zhù zhǐ: Shēntú Yì Yì Zhōng Guó Shànghǎi Shì Sōngjiāng Qū Jiǔ Xiè Lù 323 Hào àngǎi Yù Wéi Guó Jì Jī Chǎng (Yóuzhèng Biānmǎ：192787). Liánxì Diànhuà：72178310. Diànzǐ Yóuxiāng：cifzt@mjpytwde.airports.cn

Yi Yi Shentu, Shanghai Yu Wei International Airport, 323 Jiu Xie Road, Songjiang District, Shanghai, China. Postal Code: 192787. Phone Number：72178310. E-mail：cifzt@mjpytwde.airports.cn

58。姓名: 百坤源 性别 男 民族 俄罗斯

公民身份号码: 310116187030053655

住址（湖泊）：中国上海市金山区振王路 153 号珂斌湖（邮政编码：185116）。联系电话：49445543。电子邮箱：pdbnc@bwyijsqc.lakes.cn

Zhù zhǐ: Bǎi Kūn Yuán Zhōng Guó Shànghǎi Shì Jīnshān Qū Zhèn Wàng Lù 153 Hào Kē Bīn Hú (Yóuzhèng Biānmǎ：185116). Liánxì Diànhuà：49445543. Diànzǐ Yóuxiāng：pdbnc@bwyijsqc.lakes.cn

Kun Yuan Bai, Ke Bin Lake, 153 Zhen Wang Road, Jinshan District, Shanghai, China. Postal Code: 185116. Phone Number：49445543. E-mail：pdbnc@bwyijsqc.lakes.cn

59。姓名：左员来 性别 男 民族 乌孜别克

公民身份号码: 310109108128091230

住址（酒店）：中国上海市虹口区友居路 430 号豪译酒店（邮政编码：117353）。联系电话：21104479。电子邮箱：xargh@hmejkcul.biz.cn

Zhù zhǐ: Zuǒ Yún Lái Zhōng Guó Shànghǎi Shì Hóngkǒu Qū Yǒu Jū Lù 430 Hào Háo Yì Jiǔ Diàn (Yóuzhèng Biānmǎ：117353). Liánxì Diànhuà：21104479. Diànzǐ Yóuxiāng：xargh@hmejkcul.biz.cn

Yun Lai Zuo, Hao Yi Hotel, 430 You Ju Road, Hongkou District, Shanghai, China. Postal Code: 117353. Phone Number：21104479. E-mail：xargh@hmejkcul.biz.cn

60。姓名：祝岐寰 性别 女 民族 赫哲

公民身份号码: 310105175309103361

住址（湖泊）：中国上海市长宁区盛乐路 726 号兆智湖（邮政编码：126138）。联系电话：80587134。电子邮箱：yldqj@nwheifjo.lakes.cn

Zhù zhǐ: Zhù Qí Huán Zhōng Guó Shànghǎi Shì Zhǎngníng Qū Chéng Lè Lù 726 Hào Zhào Zhì Hú（Yóuzhèng Biānmǎ：126138). Liánxì Diànhuà：80587134. Diànzǐ Yóuxiāng：yldqj@nwheifjo.lakes.cn

Qi Huan Zhu, Zhao Zhi Lake, 726 Cheng Le Road, Changning District, Shanghai, China. Postal Code: 126138. Phone Number：80587134. E-mail：yldqj@nwheifjo.lakes.cn

CHAPTER 4: SHEN FEN ZHENG (61-80)

61。姓名:井来食 性别 女 民族 毛南

公民身份号码: 310116199931038369

住址（机场）：中国上海市金山区其员路 238 号上海葛晖国际机场（邮政编码：667230）。联系电话：38070572。电子邮箱：watms@nhtmwugr.airports.cn

Zhù zhǐ: Jǐng Lái Yì Zhōng Guó Shànghǎi Shì Jīnshān Qū Qí Yuán Lù 238 Hào àngǎi Gé Huī Guó Jì Jī Chǎng (Yóuzhèng Biānmǎ：667230). Liánxì Diànhuà：38070572. Diànzǐ Yóuxiāng：watms@nhtmwugr.airports.cn

Lai Yi Jing, Shanghai Ge Hui International Airport, 238 Qi Yuan Road, Jinshan District, Shanghai, China. Postal Code: 667230. Phone Number：38070572. E-mail：watms@nhtmwugr.airports.cn

62。姓名:倪豪友 性别 男 民族 毛南

公民身份号码: 310151179119066776

住址（公司）：中国上海市崇明区鸣宝路 338 号隆钦有限公司（邮政编码：505009）。联系电话：84318881。电子邮箱：aclgf@jftdpmgk.biz.cn

Zhù zhǐ: Ní Háo Yǒu Zhōng Guó Shànghǎi Shì Chóngmíng Qū Míng Bǎo Lù 338 Hào Lóng Qīn Yǒuxiàn Gōngsī (Yóuzhèng Biānmǎ：505009). Liánxì Diànhuà：84318881. Diànzǐ Yóuxiāng：aclgf@jftdpmgk.biz.cn

Hao You Ni, Long Qin Corporation, 338 Ming Bao Road, Chongming District, Shanghai, China. Postal Code: 505009. Phone Number：84318881. E-mail：aclgf@jftdpmgk.biz.cn

63。姓名:鱼际锡 性别 男 民族 蒙古

公民身份号码: 310118130527092299

住址（公共汽车站）：中国上海市青浦区王征路 136 号强翰站（邮政编码：338618）。联系电话：40455742。电子邮箱：klfhv@pkiaelsc.transport.cn

Zhù zhǐ: Yú Jì Xī Zhōng Guó Shànghǎi Shì Qīngpǔ Qū Wàng Zhēng Lù 136 Hào Qiǎng Hàn Zhàn (Yóuzhèng Biānmǎ: 338618). Liánxì Diànhuà: 40455742. Diànzǐ Yóuxiāng: klfhv@pkiaelsc.transport.cn

Ji Xi Yu, Qiang Han Bus Station, 136 Wang Zheng Road, Qingpu District, Shanghai, China. Postal Code: 338618. Phone Number: 40455742. E-mail: klfhv@pkiaelsc.transport.cn

64。姓名: 逢亭屹 性别 女 民族 壮

公民身份号码: 310112157911022242

住址（医院）：中国上海市闵行区晗盛路 669 号际冠医院（邮政编码：786776）。联系电话：57490227。电子邮箱：lqest@tagncdbk.health.cn

Zhù zhǐ: Páng Tíng Yì Zhōng Guó Shànghǎi Shì Mǐnxíng Qū Hán Chéng Lù 669 Hào Jì Guān Yī Yuàn (Yóuzhèng Biānmǎ: 786776). Liánxì Diànhuà: 57490227. Diànzǐ Yóuxiāng: lqest@tagncdbk.health.cn

Ting Yi Pang, Ji Guan Hospital, 669 Han Cheng Road, Minhang District, Shanghai, China. Postal Code: 786776. Phone Number: 57490227. E-mail: lqest@tagncdbk.health.cn

65。姓名: 养可院 性别 男 民族 瑶

公民身份号码: 310109108913096852

住址（广场）：中国上海市虹口区铁兆路 712 号易澜广场（邮政编码：749256）。联系电话：25319399。电子邮箱：dilnq@fcszykga.squares.cn

Zhù zhǐ: Yǎng Kě Yuàn Zhōng Guó Shànghǎi Shì Hóngkǒu Qū Tiě Zhào Lù 712 Hào Yì Lán Guǎng Chǎng (Yóuzhèng Biānmǎ: 749256). Liánxì Diànhuà: 25319399. Diànzǐ Yóuxiāng: dilnq@fcszykga.squares.cn

Ke Yuan Yang, Yi Lan Square, 712 Tie Zhao Road, Hongkou District, Shanghai, China. Postal Code: 749256. Phone Number：25319399. E-mail：dilnq@fcszykga.squares.cn

66。姓名: 霍立郁 性别 男 民族 土家

公民身份号码: 310113126629096298

住址（医院）：中国上海市宝山区易人路593号腾世医院（邮政编码：391119）。联系电话：33252438。电子邮箱：xmnla@jsaykedg.health.cn

Zhù zhǐ: Huò Lì Yù Zhōng Guó Shànghǎi Shì Bǎoshān Qū Yì Rén Lù 593 Hào Téng Shì Yī Yuàn (Yóuzhèng Biānmǎ：391119). Liánxì Diànhuà：33252438. Diànzǐ Yóuxiāng：xmnla@jsaykedg.health.cn

Li Yu Huo, Teng Shi Hospital, 593 Yi Ren Road, Baoshan District, Shanghai, China. Postal Code: 391119. Phone Number：33252438. E-mail：xmnla@jsaykedg.health.cn

67。姓名: 第五铁磊 性别 女 民族 珞巴

公民身份号码: 310115125819097780

住址（大学）：中国上海市浦东新区红进大学舟宽路981号（邮政编码：570010）。联系电话：18197203。电子邮箱：vrsyi@cnvsbjaz.edu.cn

Zhù zhǐ: Dìwǔ Tiě Lěi Zhōng Guó Shànghǎi Shì Pǔdōng Xīnqū Hóng Jìn DàxuéZhōu Kuān Lù 981 Hào (Yóuzhèng Biānmǎ：570010). Liánxì Diànhuà：18197203. Diànzǐ Yóuxiāng：vrsyi@cnvsbjaz.edu.cn

Tie Lei Diwu, Hong Jin University, 981 Zhou Kuan Road, Pudong New Area, Shanghai, China. Postal Code: 570010. Phone Number：18197203. E-mail：vrsyi@cnvsbjaz.edu.cn

68。姓名: 狄沛茂 性别 女 民族 阿昌

公民身份号码: 310118197611046983

住址（寺庙）：中国上海市青浦区嘉葛路 349 号轼庆寺（邮政编码：254339）。联系电话：56397480。电子邮箱：cpwyl@cekbuxav.god.cn

Zhù zhǐ: Dí Bèi Mào Zhōng Guó Shànghǎi Shì Qīngpǔ Qū Jiā Gé Lù 349 Hào Shì Qìng Sì (Yóuzhèng Biānmǎ：254339). Liánxì Diànhuà：56397480. Diànzǐ Yóuxiāng：cpwyl@cekbuxav.god.cn

Bei Mao Di, Shi Qing Temple, 349 Jia Ge Road, Qingpu District, Shanghai, China. Postal Code: 254339. Phone Number：56397480. E-mail：cpwyl@cekbuxav.god.cn

69。姓名：韩智仲 性别 男 民族 东乡

公民身份号码：310120177104108134

住址（火车站）：中国上海市奉贤区威石路 763 号上海站（邮政编码：807437）。联系电话：99404308。电子邮箱：rjwyo@gmkuxtfo.chr.cn

Zhù zhǐ: Hán Zhì Zhòng Zhōng Guó Shànghǎi Shì Fèngxián Qū Wēi Shí Lù 763 Hào àngǎi Zhàn (Yóuzhèng Biānmǎ：807437). Liánxì Diànhuà：99404308. Diànzǐ Yóuxiāng：rjwyo@gmkuxtfo.chr.cn

Zhi Zhong Han, Shanghai Railway Station, 763 Wei Shi Road, Fengxian District, Shanghai, China. Postal Code: 807437. Phone Number：99404308. E-mail：rjwyo@gmkuxtfo.chr.cn

70。姓名：包晗俊 性别 男 民族 俄罗斯

公民身份号码：310104176501074834

住址（公共汽车站）：中国上海市徐汇区计计路 735 号柱陶站（邮政编码：737648）。联系电话：13030895。电子邮箱：jionv@xfluhcke.transport.cn

Zhù zhǐ: Bāo Hán Jùn Zhōng Guó Shànghǎi Shì Xúhuì Qū Jì Jì Lù 735 Hào Zhù Táo Zhàn (Yóuzhèng Biānmǎ：737648). Liánxì Diànhuà：13030895. Diànzǐ Yóuxiāng：jionv@xfluhcke.transport.cn

Han Jun Bao, Zhu Tao Bus Station, 735 Ji Ji Road, Xuhui District, Shanghai, China. Postal Code: 737648. Phone Number：13030895. E-mail：jionv@xfluhcke.transport.cn

71。姓名: 漆雕骥王 性别 男   民族 土

公民身份号码: 310115101001081317

住址（博物院）：中国上海市浦东新区冠珂路 752 号上海博物馆（邮政编码：868978）。联系电话：70308817。电子邮箱：wlxop@ljqepgbz.museums.cn

Zhù zhǐ: Qīdiāo Jì Wáng Zhōng Guó Shànghǎi Shì Pǔdōng Xīnqū Guàn Kē Lù 752 Hào àngǎi Bó Wù Guǎn (Yóuzhèng Biānmǎ：868978). Liánxì Diànhuà：70308817. Diànzǐ Yóuxiāng：wlxop@ljqepgbz.museums.cn

Ji Wang Qidiao, Shanghai Museum, 752 Guan Ke Road, Pudong New Area, Shanghai, China. Postal Code: 868978. Phone Number：70308817. E-mail：wlxop@ljqepgbz.museums.cn

72。姓名: 阴坚迅 性别 女   民族 锡伯

公民身份号码: 310116136225068186

住址（博物院）：中国上海市金山区兆宝路 348 号上海博物馆（邮政编码：424349）。联系电话：49587220。电子邮箱：zeufs@abequxjd.museums.cn

Zhù zhǐ: Yīn Jiān Xùn Zhōng Guó Shànghǎi Shì Jīnshān Qū Zhào Bǎo Lù 348 Hào àngǎi Bó Wù Guǎn (Yóuzhèng Biānmǎ：424349). Liánxì Diànhuà：49587220. Diànzǐ Yóuxiāng：zeufs@abequxjd.museums.cn

Jian Xun Yin, Shanghai Museum, 348 Zhao Bao Road, Jinshan District, Shanghai, China. Postal Code: 424349. Phone Number：49587220. E-mail：zeufs@abequxjd.museums.cn

73。姓名: 令狐翰陶 性别 男   民族 仡佬

公民身份号码：310151190602115630

住址（大学）：中国上海市崇明区鹤易大学原屹路 230 号（邮政编码：444246）。联系电话：12409898。电子邮箱：fcuhn@ascuvpqe.edu.cn

Zhù zhǐ: Lìnghú Hàn Táo Zhōng Guó Shànghǎi Shì Chóngmíng Qū Hè Yì Dàxué Yuán Yì Lù 230 Hào (Yóuzhèng Biānmǎ：444246). Liánxì Diànhuà：12409898. Diànzǐ Yóuxiāng：fcuhn@ascuvpqe.edu.cn

Han Tao Linghu, He Yi University, 230 Yuan Yi Road, Chongming District, Shanghai, China. Postal Code: 444246. Phone Number：12409898. E-mail：fcuhn@ascuvpqe.edu.cn

74。姓名：窦先钊 性别 女 民族 汉

公民身份号码：31010913212704680l0

住址（酒店）：中国上海市虹口区铁胜路 956 号大大酒店（邮政编码：686837）。联系电话：29492024。电子邮箱：krdpq@gksbalmq.biz.cn

Zhù zhǐ: Dòu Xiān Zhāo Zhōng Guó Shànghǎi Shì Hóngkǒu Qū Tiě Shēng Lù 956 Hào Dài Dài Jiǔ Diàn (Yóuzhèng Biānmǎ：686837). Liánxì Diànhuà：29492024. Diànzǐ Yóuxiāng：krdpq@gksbalmq.biz.cn

Xian Zhao Dou, Dai Dai Hotel, 956 Tie Sheng Road, Hongkou District, Shanghai, China. Postal Code: 686837. Phone Number：29492024. E-mail：krdpq@gksbalmq.biz.cn

75。姓名：东方洵鸣 性别 女 民族 塔塔尔

公民身份号码：310107123901121321

住址（广场）：中国上海市普陀区食轼路 130 号晖光广场（邮政编码：771049）。联系电话：80162028。电子邮箱：thcrf@vxzjigoy.squares.cn

Zhù zhǐ: Dōngfāng Xún Míng Zhōng Guó Shànghǎi Shì Pǔtuó Qū Shí Shì Lù 130 Hào Huī Guāng Guǎng Chǎng (Yóuzhèng Biānmǎ: 771049). Liánxì Diànhuà: 80162028. Diànzǐ Yóuxiāng: thcrf@vxzjigoy.squares.cn

Xun Ming Dongfang, Hui Guang Square, 130 Shi Shi Road, Putuo District, Shanghai, China. Postal Code: 771049. Phone Number: 80162028. E-mail: thcrf@vxzjigoy.squares.cn

76。姓名: 滑游翰 性别 男 民族 怒

公民身份号码: 310106108311119098

住址（寺庙）：中国上海市静安区际翰路477号石浩寺（邮政编码：962259）。联系电话：50550317。电子邮箱：efxyw@ezswkajp.god.cn

Zhù zhǐ: Huá Yóu Hàn Zhōng Guó Shànghǎi Shì Jìngān Qū Jì Hàn Lù 477 Hào Shí Hào Sì (Yóuzhèng Biānmǎ: 962259). Liánxì Diànhuà: 50550317. Diànzǐ Yóuxiāng: efxyw@ezswkajp.god.cn

You Han Hua, Shi Hao Temple, 477 Ji Han Road, Jingan District, Shanghai, China. Postal Code: 962259. Phone Number: 50550317. E-mail: efxyw@ezswkajp.god.cn

77。姓名: 福楚冠 性别 女 民族 俄罗斯

公民身份号码: 310110107604112685

住址（机场）：中国上海市杨浦区坤斌路723号上海坚继国际机场（邮政编码：476399）。联系电话：75080054。电子邮箱：vgzys@lejphaky.airports.cn

Zhù zhǐ: Fú Chǔ Guàn Zhōng Guó Shànghǎi Shì Yángpǔ Qū Kūn Bīn Lù 723 Hào àngǎi Jiān Jì Guó Jì Jī Chǎng (Yóuzhèng Biānmǎ: 476399). Liánxì Diànhuà: 75080054. Diànzǐ Yóuxiāng: vgzys@lejphaky.airports.cn

Chu Guan Fu, Shanghai Jian Ji International Airport, 723 Kun Bin Road, Yangpu District, Shanghai, China. Postal Code: 476399. Phone Number：75080054. E-mail：vgzys@lejphaky.airports.cn

78。姓名: 薛来启 性别 女 民族 土家

公民身份号码: 310114126519094180

住址（家庭）：中国上海市嘉定区岐屹路 651 号计中公寓 18 层 697 室（邮政编码：907448）。联系电话：98678905。电子邮箱：wrytj@bfvzdrox.cn

Zhù zhǐ: Xuē Lái Qǐ Zhōng Guó Shànghǎi Shì Jiādìng Qū Qí Yì Lù 651 Hào Jì Zhōng Gōng Yù 18 Céng 697 Shì (Yóuzhèng Biānmǎ：907448). Liánxì Diànhuà：98678905. Diànzǐ Yóuxiāng：wrytj@bfvzdrox.cn

Lai Qi Xue, Room# 697, Floor# 18, Ji Zhong Apartment, 651 Qi Yi Road, Jiading District, Shanghai, China. Postal Code: 907448. Phone Number：98678905. E-mail：wrytj@bfvzdrox.cn

79。姓名: 贾祥宽 性别 女 民族 土家

公民身份号码: 310117162402115208

住址（博物院）：中国上海市松江区绅亮路 459 号上海博物馆（邮政编码：621587）。联系电话：21342920。电子邮箱：sldoe@besnhpyu.museums.cn

Zhù zhǐ: Jiǎ Xiáng Kuān Zhōng Guó Shànghǎi Shì Sōngjiāng Qū Shēn Liàng Lù 459 Hào àngǎi Bó Wù Guǎn (Yóuzhèng Biānmǎ：621587). Liánxì Diànhuà：21342920. Diànzǐ Yóuxiāng：sldoe@besnhpyu.museums.cn

Xiang Kuan Jia, Shanghai Museum, 459 Shen Liang Road, Songjiang District, Shanghai, China. Postal Code: 621587. Phone Number：21342920. E-mail：sldoe@besnhpyu.museums.cn

80。姓名: 盛乙队 性别 男 民族 保安

公民身份号码: 310151167924101690

住址（大学）：中国上海市崇明区友德大学征冠路 329 号（邮政编码：845861）。联系电话：28448031。电子邮箱：iorwz@yvzqpwxf.edu.cn

Zhù zhǐ: Shèng Yǐ Duì Zhōng Guó Shànghǎi Shì Chóngmíng Qū Yǒu Dé DàxuéZhēng Guān Lù 329 Hào (Yóuzhèng Biānmǎ：845861). Liánxì Diànhuà：28448031. Diànzǐ Yóuxiāng：iorwz@yvzqpwxf.edu.cn

Yi Dui Sheng, You De University, 329 Zheng Guan Road, Chongming District, Shanghai, China. Postal Code: 845861. Phone Number：28448031. E-mail：iorwz@yvzqpwxf.edu.cn

81。姓名: 余金隆 性别 女   民族 基诺

公民身份号码: 310115174914071262

住址（医院）：中国上海市浦东新区奎寰路 342 号计成医院（邮政编码：595144）。联系电话：91114386。电子邮箱：mugpe@fovntisx.health.cn

Zhù zhǐ: Yú Jīn Lóng Zhōng Guó Shànghǎi Shì Pǔdōng Xīnqū Kuí Huán Lù 342 Hào Jì Chéng Yī Yuàn (Yóuzhèng Biānmǎ：595144). Liánxì Diànhuà：91114386. Diànzǐ Yóuxiāng：mugpe@fovntisx.health.cn

Jin Long Yu, Ji Cheng Hospital, 342 Kui Huan Road, Pudong New Area, Shanghai, China. Postal Code: 595144. Phone Number：91114386. E-mail：mugpe@fovntisx.health.cn

CHAPTER 5: SHEN FEN ZHENG (81-100)

82。姓名：蒙甫宽 性别 男 民族 景颇

公民身份号码：310117120714037131

住址（博物院）：中国上海市松江区焯刚路 904 号上海博物馆（邮政编码：794314）。联系电话：29529022。电子邮箱：ujliz@rjkfvwso.museums.cn

Zhù zhǐ: Méng Fǔ Kuān Zhōng Guó Shànghǎi Shì Sōngjiāng Qū Chāo Gāng Lù 904 Hào àngǎi Bó Wù Guǎn (Yóuzhèng Biānmǎ：794314). Liánxì Diànhuà：29529022. Diànzǐ Yóuxiāng：ujliz@rjkfvwso.museums.cn

Fu Kuan Meng, Shanghai Museum, 904 Chao Gang Road, Songjiang District, Shanghai, China. Postal Code: 794314. Phone Number：29529022. E-mail：ujliz@rjkfvwso.museums.cn

83。姓名：翟勇可 性别 女 民族 苗

公民身份号码：310105201318022524

住址（医院）：中国上海市长宁区勇己路 614 号陶跃医院（邮政编码：402801）。联系电话：16033490。电子邮箱：siwmy@kzxspayn.health.cn

Zhù zhǐ: Zhái Yǒng Kě Zhōng Guó Shànghǎi Shì Zhǎngníng Qū Yǒng Jǐ Lù 614 Hào Táo Yuè Yī Yuàn (Yóuzhèng Biānmǎ：402801). Liánxì Diànhuà：16033490. Diànzǐ Yóuxiāng：siwmy@kzxspayn.health.cn

Yong Ke Zhai, Tao Yue Hospital, 614 Yong Ji Road, Changning District, Shanghai, China. Postal Code: 402801. Phone Number：16033490. E-mail：siwmy@kzxspayn.health.cn

84。姓名：温隆屹 性别 女 民族 布朗

公民身份号码：310109122523052803

住址（公园）：中国上海市虹口区柱山路 184 号晗珂公园（邮政编码：832450）。联系电话：31335762。电子邮箱：vrjli@rlkwocgf.parks.cn

Zhù zhǐ: Wēn Lóng Yì Zhōng Guó Shànghǎi Shì Hóngkǒu Qū Zhù Shān Lù 184 Hào Hán Kē Gōng Yuán （Yóuzhèng Biānmǎ：832450). Liánxì Diànhuà：31335762. Diànzǐ Yóuxiāng：vrjli@rlkwocgf.parks.cn

Long Yi Wen, Han Ke Park, 184 Zhu Shan Road, Hongkou District, Shanghai, China. Postal Code: 832450. Phone Number：31335762. E-mail：vrjli@rlkwocgf.parks.cn

85。姓名:那化红 性别 男 民族 回

公民身份号码: 310115193811085391

住址（酒店）：中国上海市浦东新区石葆路 726 号自亮酒店（邮政编码：273056）。联系电话：21226105。电子邮箱：mbarz@aurdxjnp.biz.cn

Zhù zhǐ: Nā Huà Hóng Zhōng Guó Shànghǎi Shì Pǔdōng Xīnqū Dàn Bǎo Lù 726 Hào Zì Liàng Jiǔ Diàn （Yóuzhèng Biānmǎ：273056). Liánxì Diànhuà：21226105. Diànzǐ Yóuxiāng：mbarz@aurdxjnp.biz.cn

Hua Hong Na, Zi Liang Hotel, 726 Dan Bao Road, Pudong New Area, Shanghai, China. Postal Code: 273056. Phone Number：21226105. E-mail：mbarz@aurdxjnp.biz.cn

86。姓名:曾星金 性别 男 民族 乌孜别克

公民身份号码: 310106126222098959

住址（酒店）：中国上海市静安区臻山路 588 号来仲酒店（邮政编码：986057）。联系电话：46193239。电子邮箱：khqxi@kvrdnwxe.biz.cn

Zhù zhǐ: Zēng Xīng Jīn Zhōng Guó Shànghǎi Shì Jìngān Qū Zhēn Shān Lù 588 Hào Lái Zhòng Jiǔ Diàn （Yóuzhèng Biānmǎ：986057). Liánxì Diànhuà：46193239. Diànzǐ Yóuxiāng：khqxi@kvrdnwxe.biz.cn

Xing Jin Zeng, Lai Zhong Hotel, 588 Zhen Shan Road, Jingan District, Shanghai, China. Postal Code: 986057. Phone Number：46193239. E-mail：khqxi@kvrdnwxe.biz.cn

87。姓名：郏居光 性别 男 民族 门巴

公民身份号码: 310104191901109150

住址（ 公共汽车站）：中国上海市徐汇区茂熔路 263 号近奎站（ 邮政编码：363476）。联系电话：44880305。电子邮箱：sazje@etasrulv.transport.cn

Zhù zhǐ: Jiá Jū Guāng Zhōng Guó Shànghǎi Shì Xúhuì Qū Mào Róng Lù 263 Hào Jìn Kuí Zhàn (Yóuzhèng Biānmǎ：363476). Liánxì Diànhuà：44880305. Diànzǐ Yóuxiāng：sazje@etasrulv.transport.cn

Ju Guang Jia, Jin Kui Bus Station, 263 Mao Rong Road, Xuhui District, Shanghai, China. Postal Code: 363476. Phone Number：44880305. E-mail：sazje@etasrulv.transport.cn

88。姓名：单浩星 性别 女 民族 达斡尔

公民身份号码: 310104177430085241

住址（医院）：中国上海市徐汇区亮珏路 519 号近绅医院（ 邮政编码：256897）。联系电话：90473603。电子邮箱：aoftm@fvxlqbuh.health.cn

Zhù zhǐ: Shàn Hào Xīng Zhōng Guó Shànghǎi Shì Xúhuì Qū Liàng Jué Lù 519 Hào Jìn Shēn Yī Yuàn (Yóuzhèng Biānmǎ：256897). Liánxì Diànhuà：90473603. Diànzǐ Yóuxiāng：aoftm@fvxlqbuh.health.cn

Hao Xing Shan, Jin Shen Hospital, 519 Liang Jue Road, Xuhui District, Shanghai, China. Postal Code: 256897. Phone Number：90473603. E-mail：aoftm@fvxlqbuh.health.cn

89。姓名：郁盛炯 性别 男 民族 布朗

公民身份号码: 310118116727017915

住址（酒店）：中国上海市青浦区铁圣路 706 号德铁酒店（ 邮政编码：704270）。联系电话：46567769。电子邮箱：geafz@dhgsazyu.biz.cn

Zhù zhǐ: Yù Chéng Jiǒng Zhōng Guó Shànghǎi Shì Qīngpǔ Qū Yì Shèng Lù 706 Hào Dé Tiě Jiǔ Diàn (Yóuzhèng Biānmǎ：704270). Liánxì Diànhuà：46567769. Diànzǐ Yóuxiāng：geafz@dhgsazyu.biz.cn

Cheng Jiong Yu, De Tie Hotel, 706 Yi Sheng Road, Qingpu District, Shanghai, China. Postal Code: 704270. Phone Number：46567769. E-mail：geafz@dhgsazyu.biz.cn

90。姓名: 司空智腾 性别 男 民族 侗

公民身份号码: 310105134208048215

住址（火车站）：中国上海市长宁区山兆路 503 号上海站（邮政编码：750530）。联系电话：87177030。电子邮箱：sjaet@kfldsbzx.chr.cn

Zhù zhǐ: Sīkōng Zhì Téng Zhōng Guó Shànghǎi Shì Zhǎngníng Qū Shān Zhào Lù 503 Hào àngǎi Zhàn (Yóuzhèng Biānmǎ：750530). Liánxì Diànhuà：87177030. Diànzǐ Yóuxiāng：sjaet@kfldsbzx.chr.cn

Zhi Teng Sikong, Shanghai Railway Station, 503 Shan Zhao Road, Changning District, Shanghai, China. Postal Code: 750530. Phone Number：87177030. E-mail：sjaet@kfldsbzx.chr.cn

91。姓名: 司寇宝胜 性别 男 民族 回

公民身份号码: 3101121998251283310

住址（医院）：中国上海市闵行区友锤路 434 号成院医院（邮政编码：684803）。联系电话：61818082。电子邮箱：snwyl@sahkjnut.health.cn

Zhù zhǐ: Sīkòu Bǎo Shēng Zhōng Guó Shànghǎi Shì Mǐnxíng Qū Yǒu Chuí Lù 434 Hào Chéng Yuàn Yī Yuàn (Yóuzhèng Biānmǎ：684803). Liánxì Diànhuà：61818082. Diànzǐ Yóuxiāng：snwyl@sahkjnut.health.cn

Bao Sheng Sikou, Cheng Yuan Hospital, 434 You Chui Road, Minhang District, Shanghai, China. Postal Code: 684803. Phone Number：61818082. E-mail：snwyl@sahkjnut.health.cn

92。姓名: 危全九 性别 男 民族 保安

公民身份号码: 310118114721046873

住址（博物院）：中国上海市青浦区仓斌路 689 号上海博物馆（邮政编码：923378）。联系电话：45508089。电子邮箱：uzcrp@nqpfvkgy.museums.cn

Zhù zhǐ: Wēi Quán Jiǔ Zhōng Guó Shànghǎi Shì Qīngpǔ Qū Cāng Bīn Lù 689 Hào àngǎi Bó Wù Guǎn (Yóuzhèng Biānmǎ: 923378). Liánxì Diànhuà: 45508089. Diànzǐ Yóuxiāng: uzcrp@nqpfvkgy.museums.cn

Quan Jiu Wei, Shanghai Museum, 689 Cang Bin Road, Qingpu District, Shanghai, China. Postal Code: 923378. Phone Number: 45508089. E-mail: uzcrp@nqpfvkgy.museums.cn

93。姓名: 蔚锤炯 性别 男 民族 满

公民身份号码: 310110146301116777

住址（酒店）：中国上海市杨浦区轼王路 275 号克懂酒店（邮政编码：879938）。联系电话：63082213。电子邮箱：ykhcs@wsnzpqvb.biz.cn

Zhù zhǐ: Wèi Chuí Jiǒng Zhōng Guó Shànghǎi Shì Yángpǔ Qū Shì Wàng Lù 275 Hào Kè Dǒng Jiǔ Diàn (Yóuzhèng Biānmǎ: 879938). Liánxì Diànhuà: 63082213. Diànzǐ Yóuxiāng: ykhcs@wsnzpqvb.biz.cn

Chui Jiong Wei, Ke Dong Hotel, 275 Shi Wang Road, Yangpu District, Shanghai, China. Postal Code: 879938. Phone Number: 63082213. E-mail: ykhcs@wsnzpqvb.biz.cn

94。姓名: 顾豹寰 性别 女 民族 保安

公民身份号码: 310115144707123866

住址（公共汽车站）：中国上海市浦东新区红友路 201 号员波站（邮政编码：429160）。联系电话：62247877。电子邮箱：ojixu@ihkwtved.transport.cn

Zhù zhǐ: Gù Bào Huán Zhōng Guó Shànghǎi Shì Pǔdōng Xīnqū Hóng Yǒu Lù 201 Hào Yuán Bō Zhàn (Yóuzhèng Biānmǎ：429160). Liánxì Diànhuà：62247877. Diànzǐ Yóuxiāng：ojixu@ihkwtved.transport.cn

Bao Huan Gu, Yuan Bo Bus Station, 201 Hong You Road, Pudong New Area, Shanghai, China. Postal Code: 429160. Phone Number：62247877. E-mail：ojixu@ihkwtved.transport.cn

95。姓名:郁铁熔 性别 女 民族 鄂伦春

公民身份号码: 310113100404032841

住址（湖泊）：中国上海市宝山区学铁路830号福铁湖（邮政编码：125420）。联系电话：52015496。电子邮箱：gadqv@robaywqi.lakes.cn

Zhù zhǐ: Yù Fū Róng Zhōng Guó Shànghǎi Shì Bǎoshān Qū Xué Fū Lù 830 Hào Fú Tiě Hú (Yóuzhèng Biānmǎ：125420). Liánxì Diànhuà：52015496. Diànzǐ Yóuxiāng：gadqv@robaywqi.lakes.cn

Fu Rong Yu, Fu Tie Lake, 830 Xue Fu Road, Baoshan District, Shanghai, China. Postal Code: 125420. Phone Number：52015496. E-mail：gadqv@robaywqi.lakes.cn

96。姓名:卫白己 性别 男 民族 汉

公民身份号码: 310113188415086937

住址（湖泊）：中国上海市宝山区尚珏路904号石译湖（邮政编码：754902）。联系电话：24765257。电子邮箱：xwenc@kwuiscoq.lakes.cn

Zhù zhǐ: Wèi Bái Jǐ Zhōng Guó Shànghǎi Shì Bǎoshān Qū Shàng Jué Lù 904 Hào Dàn Yì Hú (Yóuzhèng Biānmǎ：754902). Liánxì Diànhuà：24765257. Diànzǐ Yóuxiāng：xwenc@kwuiscoq.lakes.cn

Bai Ji Wei, Dan Yi Lake, 904 Shang Jue Road, Baoshan District, Shanghai, China. Postal Code: 754902. Phone Number：24765257. E-mail：xwenc@kwuiscoq.lakes.cn

97。姓名: 龙伦白 性别 女 民族 白

公民身份号码: 3101051663070215210

住址（公共汽车站）：中国上海市长宁区歧秀路 531 号水庆站（邮政编码：692546）。联系电话：79018349。电子邮箱：rbvcu@gyivnbqe.transport.cn

Zhù zhǐ: Lóng Lún Bái Zhōng Guó Shànghǎi Shì Zhǎngníng Qū Qí Xiù Lù 531 Hào Shuǐ Qìng Zhàn (Yóuzhèng Biānmǎ：692546). Liánxì Diànhuà：79018349. Diànzǐ Yóuxiāng：rbvcu@gyivnbqe.transport.cn

Lun Bai Long, Shui Qing Bus Station, 531 Qi Xiu Road, Changning District, Shanghai, China. Postal Code: 692546. Phone Number：79018349. E-mail：rbvcu@gyivnbqe.transport.cn

98。姓名: 逄涛珂 性别 男 民族 瑶

公民身份号码: 310120167322037654

住址（机场）：中国上海市奉贤区水土路 791 号上海铭鹤国际机场（邮政编码：590504）。联系电话：82646052。电子邮箱：fvgtd@uxcysjpz.airports.cn

Zhù zhǐ: Páng Tāo Kē Zhōng Guó Shànghǎi Shì Fèngxián Qū Shuǐ Tǔ Lù 791 Hào àngǎi Míng Hè Guó Jì Jī Chǎng (Yóuzhèng Biānmǎ：590504). Liánxì Diànhuà：82646052. Diànzǐ Yóuxiāng：fvgtd@uxcysjpz.airports.cn

Tao Ke Pang, Shanghai Ming He International Airport, 791 Shui Tu Road, Fengxian District, Shanghai, China. Postal Code: 590504. Phone Number：82646052. E-mail：fvgtd@uxcysjpz.airports.cn

99。姓名: 廉焯院 性别 女 民族 东乡

公民身份号码: 310101141521108746

住址（公园）：中国上海市黄浦区钊全路 695 号刚郁公园（邮政编码：157741）。联系电话：28567272。电子邮箱：meibw@vyapdskh.parks.cn

Zhù zhǐ: Lián Zhuō Yuàn Zhōng Guó Shànghǎi Shì Huángpǔ Qū Zhāo Quán Lù 695 Hào Gāng Yù Gōng Yuán (Yóuzhèng Biānmǎ：157741). Liánxì Diànhuà：28567272. Diànzǐ Yóuxiāng：meibw@vyapdskh.parks.cn

Zhuo Yuan Lian, Gang Yu Park, 695 Zhao Quan Road, Huangpu District, Shanghai, China. Postal Code: 157741. Phone Number：28567272. E-mail：meibw@vyapdskh.parks.cn

100。姓名: 祖茂亭 性别 女 民族 蒙古

公民身份号码: 310105108927111786

住址（公园）：中国上海市长宁区冠铁路 340 号科学公园（邮政编码：714715）。联系电话：41809276。电子邮箱：vaxgk@siopdqbu.parks.cn

Zhù zhǐ: Zǔ Mào Tíng Zhōng Guó Shànghǎi Shì Zhǎngníng Qū Guàn Tiě Lù 340 Hào Kē Xué Gōng Yuán (Yóuzhèng Biānmǎ：714715). Liánxì Diànhuà：41809276. Diànzǐ Yóuxiāng：vaxgk@siopdqbu.parks.cn

Mao Ting Zu, Ke Xue Park, 340 Guan Tie Road, Changning District, Shanghai, China. Postal Code: 714715. Phone Number：41809276. E-mail：vaxgk@siopdqbu.parks.cn